Frontispice

Méthode instructive et Amusante pour apprendre à lire aux Enfans &c. avec jolies Gravures.

à Paris

A la Librairie d'Education

D'ALEXIS EYMERY, Rue Mazarine, N.º 30.

(1824.)

ABÉCÉDAIRE
DES COMMENÇANS,

OU MÉTHODE

INSTRUCTIVE ET AMUSANTE

POUR APPRENDRE A LIRE AUX ENFANS.

PARIS.

A LA LIBRAIRIE D'ÉDUCATION
D'ALEXIS EYMERY, RUE MAZARINE, N° 30.

—

1826.

A	B
C	D
E	F

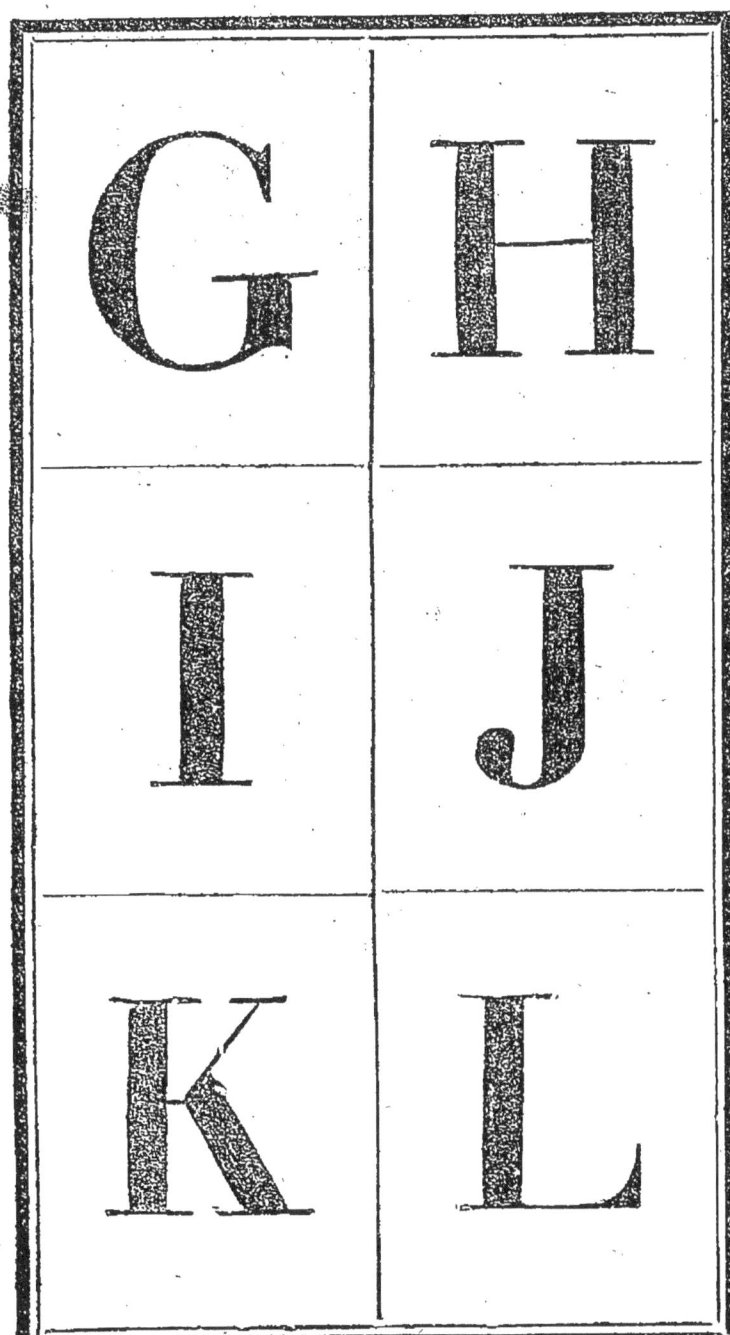

M	N
O	P
Q	R

S	T
U	V
W	X

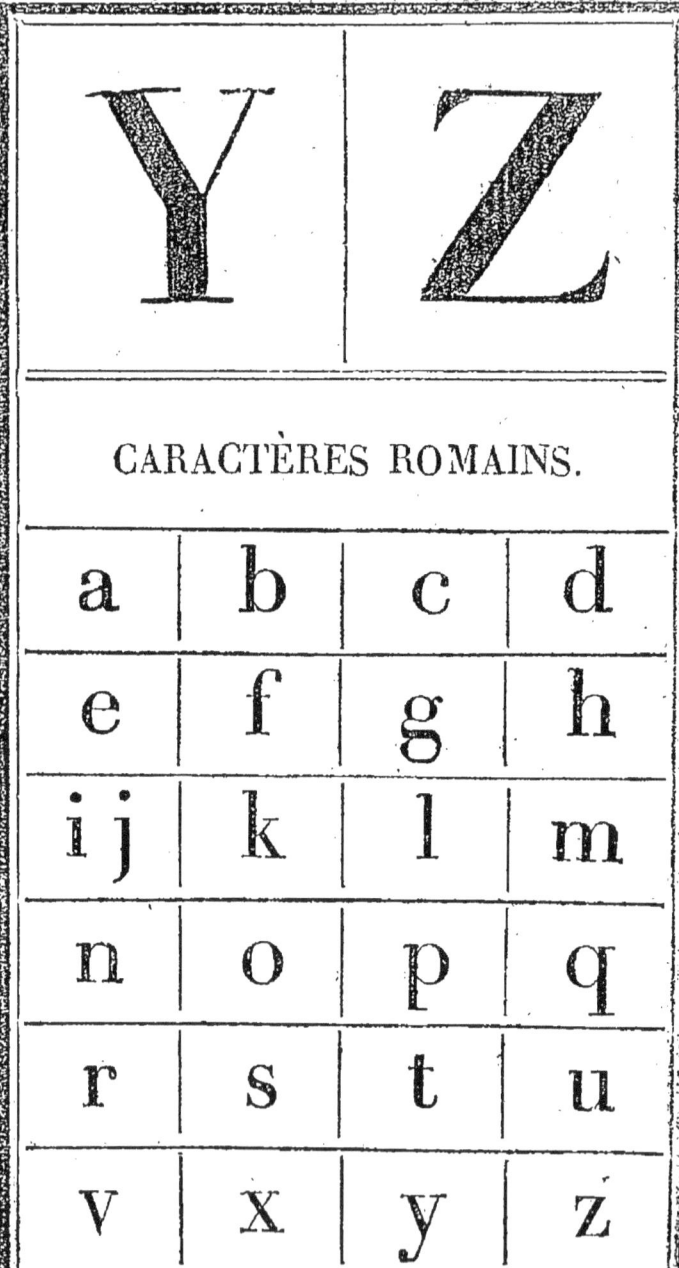

Lettres italiques.

a b c d e f g h i j
k l m n o p q r s t
u v x y z.

CARACTÈRES D'ÉCRITURES.

Bâtarde.

a b c d e f g h i j k
l m n o p q r s t u v
x y z.

Coulée.

a b c d e f g h i j
k l m n o p q r s t u
v x y z.

Ronde.

a b c d e f g h i j
k l m n o p q r s t
u v x y z.

Anglaise.

a b c d e f g
h i j k l m n
o p q r s t u
v x y z.

Lettres liées ensemble.

æ œ fi ffi fl ffl ff ff fi ffi w.

---

a e i ou y o u.

Syllabes précédées d'une voyelle.

a	e	i	o	u
ab	eb	ib	ob	ub
ac	ec	ic	oc	uc
ad	ed	id	od	ud
af	ef	if	of	uf
ag	eg	ig	og	ug
ah	eh	ih	oh	uh
ak	ek	ik	ok	uk
al	el	il	ol	ul
am	em	im	om	um
an	en	in	on	un
ap	ep	ip	op	up
aq	eq	iq	oq	uq
ar	er	ir	or	ur
as	es	is	os	us
at	et	it	ot	ut
av	ev	iv	ov	uv
ax	ex	ix	ox	ux
az	ez	iz	oz	uz

Syllabes de trois lettres.

bla	ble	bli	blo	blu
bra	bre	bri	bro	bru
cha	che	chi	cho	chu
cla	cle	cli	clo	clu
cra	cre	cri	cro	cru
dra	dre	dri	dro	dru
gla	gle	gli	glo	glu
gra	gre	gri	gro	gru
gna	gne	gni	gno	gnu
pla	ple	pli	plo	plu
pra	pre	pri	pro	pru
pha	phe	phi	pho	phu
tla	tle	tli	tlo	tlu
tra	tre	tri	tro	tru

MOTS LES PLUS FACILES A ÉPELER.

Sons simples.

A bat tu.	Ma man.
A mi.	Mi di.
Ce ci.	Mi mi.
Ce la.	Nu mé ro.
Co co.	O pé ra.
Dé jà.	Pa pa.
De mi.	Pu ni.
Fan fan.	Pi lo tis.
Jé sus.	Se ra.
Jo li.	Zé ro.

Sons composés.

Au.	Mal.	Nos.
Car.	Moi.	Soi.
Cor.	Mon.	Tel.
Dos.	Mou.	Toi.
Lui.	Mur.	Ver.

Sons plus composés.

Baie.	Jean.	Peau.
Bail.	Jouer.	Peaux.
Beau.	Joue.	Puant.
Corps.	Juin.	Pion.
Court.	Lent.	Pied.
Dans.	Leur.	Seoir.
Dieu.	Liard.	Sien.
Dieux.	Lieue.	Suer.
Doit.	Loin.	Suie.
Eau.	Louis.	Tien.
Fier.	Loup.	Tour.
Foin.	Lourd.	Tout.
Fouet.	Maux.	Vent.
Frein.	Mien.	Ver.
Gain.	Muet.	Voir.
Goût.	Nous.	Voit.
Grain.	Nuit.	Vous.

Mots où deux voyelles ne forment qu'un son.

Au.	J'ai me.	Pei ne.
Bon heur.	Ja mais.	Peu.
Cou.	Lourd.	Peur.
Dais.	Lour de.	Pour.
Daim.	Mai.	Rei ne.
Eau.	Main.	Sou.
Feu.	Mal heur.	Ter reur.
Faim.	Mau ve.	Tour.
J'ai.	Mou.	Vai ne.
J'au rai.	Pain.	Vei ne.

Mots où trois voyelles ne forment qu'un son.

A vouer.	J'a voue.	Mieux.
Ap puie.	Je joue.	Veau.
Es suie.	Je joue rai.	Vieux.

MOTS A ÉPELER.

A breu voir.
A bri cot.
Ac ca blant.
Ad mi rer.
Af fa ble.
A go ni sant.
Ai gui ser.
A jus te ment.
A li men tai re.
Am bi tion.
A né mo ne.
Ap par te ment.
A rai gné e.
Ar ti chaut.
As su rer.
At tris ter.
A van ta geux.

Ba lan cier.
Ber ga mo te.
Bien fai san ce.
Blan quet te.
Boi re.
Bou ti que.
Bru nir.
Bu ra lis te.
Ca ba ne.
Cam pe ment.
Cein tu re.
Ce ri se.
Cha pe lier.
Chan de leur.
Cir cu ler.
Clai ron.
Cou ver tu re.

Crain dre.
Cri mi nel.
Cui si ne.
Cy lin dre.
Dan ge reux.
De man deur.
Di rec te ment.
Do mai ne.
Droi tu re.
Du ra ble.
Dy nas ti e.
É bran ler.
É cre vis se.
É du ca tion.
Ef fec tif.
É gli se.
El lé bo re.
Em bar quer.
En chan ter.
É pou van te.
É qui pa ge.

Er rant.
Es ca la der.
Eu nu que.
Ex pres sif.
Fa na tis me.
Fer ru re.
Fi la tu re.
Flat te ri e.
Fol le ment.
Fran ce.
Fu gi tif.
Ga ba re.
Gen dar me ri e.
Gi ran do le.
Glan du leux.
Go be lins.
Gram mai re.
Ha ran guer.
Hé ri ta ge.
His toi re.
Hom me.

Hu meur.
Hym ne.
I do lâ tre.
Il lu sion.
Il lus tre.
Im bi ber.
In cen di e.
Ins pec tion.
In ter ro ger.
In vin ci ble.
Ir rup tion.
I sa bel le.
I ta li que.
I vres se.
I voi re.
Jam bon.
Jar din.
Je ton.
Jo cris se.
Jour dain.
Ju pi ter.

Jus ti ce.
Ka rat.
Kar mes se.
La co nis me.
Lé ga li ser.
Lan ter ne.
Li ber tin.
Lieu te nan ce.
Lou ve tier.
Lu mi nai re.
Lu ne tier.
Lu zer ne.
Ly ri que.
Ma la de.
Mar gue ri te.
Mé na ger.
Mi cros co pe.
Mo des ti e.
Mor tel le.
Mu le tier.
Mys ti que.

Nar cis se.
Nei ger.
Ni gau de ri e.
Nom mé ment.
Nui tam ment.
Ob jec ter.
Oc ta ve.
O dieu se ment.
Of fen se.
Oi si ve té.
On gle.
Or di nai re.
Or fè vre.
Ou ver tu re.
Ou vri è re.
Pa ga nis me.
Pan tou fle.
Pe ser.
Pé li can.
Pen che ment.
Pi co ter.

Pin cet te.
Pla fon ner.
Plon ger.
Plu sieurs.
Po li ti que.
Pra ti ca ble.
Pro fa na tion.
Pu bli que.
Pur ga toi re.
Qua dru ple.
Qua dru pè de.
Qua li té.
Quel con que.
Ques tion.
Quin qui na.
Ra jeu nir.
Rai sin.
Re cet te.
Re non cer.
Re pen tir.
Res trein dre.

Ri di cu le. | Ti gres se.
Ri pos ter. | Toi let te.
Ro man ce. | Tra gi que.
Ru bi cond. | Tur qui e.
Ru mi ner. | Ty ran ni ser.
Rup tu re. | Ul té rieur.
Rus ti que. | U ni vers.
Sa bo tier. | Ur ba ni té.
Sau te rel le. | U sa ge.
Sau va ge. | Us ten si le.
Se cours. | U ti le.
Sé jour ner. | Va can ce.
Se mai ne. | Va ria tion.
Si len ce. | Vé né ra tion.
So ci a ble. | Vé ri di que.
Splen deur. | Vé ri fi ca teur.
Sub ti li ser. | Vé ri té.
Sym bo le. | Ver té bral.
Ta ber na cle. | Ves ti bu le.
Ten ta ti ve. | Vi cai re.
Tho mas. | Vio len ce.

Vir gi ni té.
Voi tu re.
Voi si na ge.
Vo liè re.
Vo lon tai re.
Vol ti geur.
Vo la til.
Vo lu me.
Vo lup té.
Vo ra ci té.
Vo ya geur.
Vrai ment.
Vrai sem blan ce.
Vul gai re.
Vul né ra ble.

Vul né rai re.
Wal bourg.
Wal lons.
War wick.
Xé né la si e.
Xé ro pha gi e.
Yeu se.
Yon ne.
Y ve tot.
Zé la teur.
Zé phyr.
Zé té ti que.
Zi be li ne.
Zig zag.
Zo dia que.

MOTS PLUS DIFFICILES A ÉPELER.

Exemples de l'e muet.

Ap pui e.	Jo li e.	Pou le.
En vi e.	Lu ne.	Ter re.
Fem me.	Mon de.	Vi e.
Fi o le.	On de.	Vu e.

Nota. Le maître, avant de pousser son élève plus avant, doit lui expliquer d'une manière précise ce que sont les voyelles, les consonnes et les diphthongues, ce que sont les lettres accentuées, et faire sentir à l'écolier les divers sons que leur donnent les accens qu'on place dessus.

VOYELLES ACCENTUÉES.

Exemples sur l'accent aigu (').

Ai mé.	Cré an ce.	Pau vre té.
Ai mé e.	É co le.	Por té.
Bon té.	É co lier.	Ré fé ré.
Ca fé.	É té.	Ré pé té.
Cré a teur.	Fer me té.	Ré gent.
Cré a tu re.	Fi er té.	Re lié.

L'*É* aigu qu'on trouve dans tous ces mots doit se prononcer la bouche presque fermée.

Lorsque dans une même syllabe *e* est suivi de *c, f, l, r, s* et *x*, il se prononce comme *é* fermé, quoiqu'il ne soit pas accentué.

Exemples.

Ec bo li que.	Es cla ve.
Ec clé sias te.	Es ca beau.
Êc cri no lo gi e.	Es ca dre.
Ef fa cer.	Es ca mo ter.
Ef fec tuer.	Es car got.
Ef fi gie.	Es car pin.
Ef fi ca ce.	Es comp te.
Ef fleu rer.	Es cor te.
Ef frac tion.	Ex a mi ner.
El le.	Ex cep ter.
El lip se.	Ex ces sif.
El lip ti que.	Ex clu re.
Er rant.	Ex cu ser.
Er reur.	Ex em plai re.
Er ro né.	Ex er ci ce.

Exemples sur l'accent grave (`).

Ac cès.	Frè re.	Pè re.
Au près.	Ma niè re.	Pro grès.
A près.	Mi sè re.	Pro cès.
Ban niè re.	Mè re.	Suc cès.

Pour bien prononcer l'é grave qu'on emploie dans ces mots, il faut appuyer dessus et desserrer les dents.

Exemples sur l'accent circonflexe (^).

A pô tre.	Fâ cher.	Maî tre.
Bâil ler.	Fâ cheux.	Mê me.
Bap tê me.	Fê te.	Naî tre.
Bâ tir.	Fê ter.	Pâ te.
Bâ ti ment.	Flû te.	Pâ tis sier.
Bâ ton.	Gâ teau.	Tê te.
Bû che.	Gâ ter.	Tem pê te.
Cô té.	Gî te.	Trône.
Dô me.	Grâ ce.	Vê pres.

L'accent circonflexe rend toutes ces voyelles longues, et par conséquent ce sont celles sur lesquelles on doit appuyer plus long-temps que sur les autres en les prononçant.

Exemples sur l'accent tréma (¨).

A ï eul.	Ha ïr.	Po ë te.
Ca ïn.	Mo ï se.	Sa ül.
E sa ü.	Na ïf.	Si na ï.
Fa ï en ce.	Na ï ve.	Vin d'A ï.

L'accent tréma est un signe qui annonce qu'on doit prononcer la voyelle sur laquelle il se trouve, comme une seule syllabe, et qu'elle ne doit pas s'unir à la voyelle qui précède ou qui suit.

Exemples sur les diphthongues.

Bien.	Lien.	Nuit.
Ciel.	Lier.	Oui.
Fiel.	Lui.	Pied.
Fier.	Miau ler.	Pier re.
Juin.	Mien.	Puits.
Liard.	Miel.	Sien.

On voit par ces exemples que la *Diphthongue* est une réunion de deux sons qui ne font qu'un syllabe d'usage. On appelle aussi communément *Diphthongue* la réunion de plusieurs voyelles qui ne forment qu'un son, mais ce système est désapprouvé par l'Académie.

DIFFÉRENTES PRONONCIATIONS.

CH *prononcés comme un* K.

Chré tien.
Chro ni que.
Chi ro man cie.

Cho ris te.
Or ches ti que.
Or ches tre.

Le Ç *cédille prononcé comme deux* SS.

Fa ça de.
For çat.
Fran çois.
Gar çon.

J'a per çois.
Re çu.
Je re çois.
Su ço ter.

Exemples du G *mouillé.*

Al le ma gne.
A rai gnée.
Cam pa gne.
Com pa gne.
Com pa gni e.
Châ tai gne.

Es pa gne.
Mon ta gne.
Pei gne.
Oi gnon.
Rè gne.
Ro gnon.

H *aspirée*.

Le hé ros.	Le hé rault.
Le har di.	La hu re.
Un ha reng.	La ha che.
Les ha ri cots.	La hal le.
La har pe.	La hal le bar de.
Le ha sard.	La Hol lan de.

H *non aspirée*.

L'hom me.	L'hé ro ï ne.
Un hom me.	Une hé ro ï ne.

Exemples de L *mouillée*.

Ail.	Fail lir.	Œ seil le.
Bail.	Feuil le.	Pail le.
Ba tail le.	Fil le.	Re cueil.
Co quil le.	Mouil ler.	So leil.
Cueil lir.	Meil leur.	Vieil lard.

Exemples sur la prononciation de PH *comme* F.

Pha lan ge.	Phos pho re.
Pha ra on.	Phra se.
Pha ri sien.	Phré ni que.
Phé bus.	Phthi si e.
Phé no mè ne.	Phy si cien.
Phi lan tro pe.	Phy si que.
Phi lo so phe.	Jo seph.

Exemples des lettres doubles.

Bœuf.	Mœurs.	OEil let.
Chœur.	Nœud.	OEuf.
Cœur.	OEil.	Vœu.

Du Q.

Qui.	La quel le.	Co quin.
Que.	Quoi.	Co que.
Quel que.	Quoi que.	Queu e.
Le quel.	Quand.	Cro quet.

S seule entre deux voyelles se prononce comme Z. — Exemples.

A si le.	Choi sir.	Ma ga sin.
Be soin.	Ha sar dé.	O ser.
Di vi sion.	Il lu sion.	Ré sis ter.

S, quoique entre deux voyelles, garde sa prononciation naturelle, lorsque le mot est composé. — Exemples.

Dés u é tu de.	Pré sé an ce.
Gi san te.	Vrai sem blan ce.
Pré sup po ser.	Vrai sem bla ble.

Des deux SS.

Des sus.	Des sous.	Pas ser.

T prononcé comme deux SS lorsqu'il est suivi des voyelles IO.

An non ci a tion.	In ven tion.
Con ver sa tion.	Im por ta tion.
Do na tion.	Ré vo lu tion.
É di tion.	Pu ni tion.

De l'X prononcé comme GZ joints ensemble.

Exer ci ce. | E xa men. | Xa vier.

De l'X ayant le son de CS joints ensemble.

A xe.	Lu xé.	Styx.
Ex trê me.	Lynx.	Xan ti pe.
Fi xe.	Pré fix.	Xer xès.
In dex.	Per ple xe.	Xi xi.

De l'X prononcé comme deux SS.

Au xer re. | Bru xel les. | Six. | Dix.

De l'X prononcé comme Z.

Deu xiè me. | Si xiè me, etc.

De l'X prononcé à la fin des mots comme S.

| Beaux. | Heu reux. | Per drix. |
| Ceux. | Jeux. | Prix. |

De l'Y.

| Ab bay e. | Ci toy en. | Pay san. |
| Ap puy er. | Moy en. | Roy al. |

Son du Z au commencement du mot.

Zè le.	Zè bre.	Zo ï le.
Zé non.	Zig zag.	Zo di a que.

Du Z au milieu du mot.

Dou ze.	Qua tor ze.	Sei zi è me.
On ze.	Sei ze.	Trei ze.

Du Z à la fin du mot.

As sez.	Dan sez.	Souf frez.
Ai mez.	Par lez.	Le Nez.

Oi *prononcé comme* ai.

J'ai mois, *ou* j'ai mais.
Les Fran çois, *ou* les Fran çais.
J'a vois, *ou* j'a vais.
Il a voit, *ou* il a vait.

Ent *prononcés comme* an.

Ar pent.	Se re pent.	Il ment.
La Dent.	Le Vent.	Il sent.

Ent *prononcés comme* e *muet.*

Ils ai ment. Ils men tent, etc.

J'adore Dieu. j'aime mon Père.

La Confession.

PHRASES
FACILES A ÉPELER.

J'a do re Dieu!
J'ai me mon pè re.
Je ché ris ma mè re.
Dieu a fait le so leil ;
Tout l'u ni vers.
Un bel a bri cot.
Un pe tit oi seau.
C'est un ros si gnol.
Des é cre vis ses.
Un bé guin blanc.
Un ha bit de drap.
Au mois pro chain.

Un pa pil lon blanc.
Il fait bien beau.
La bel le sai son.
Pour quoi pleu rer ?
Ce la n'est pas bien.
Dî ner en vil le.
Sou per chez soi.
Ce se ra de main.
Com me on ri ra !
On dan se ra bien,
A près on dor mi ra.
Li sez ce li vre.
Un plat de frai ses ;
El les sont dou ces.
Fi ler du co ton.
U ne bel le ro be.
Fai re du bon pain.
Pe ser la vian de.

Pui ser de l'eau.
Il fait bien froid.
Chauf fez-vous.

Il faut ai mer son prochain com me soi-mê me, et Dieu par-des sus toutes choses.

Dieu n'ai me pas les en fans qui ne sont pas sa ges.

Il faut bien é tu dier, on ne vous gron de ra pas.

J'ai bien lu, ma man me don ne ra des ce ri ses.

Si je suis bien do ci le et que je ne man que pas à mon de voir, pa pa m'a chè te ra un pe tit che val blanc.

On met en pé ni ten ce les en fans in do ci les.

On se met à table pour manger et boire; mais il faut nécessairement être sobre.

Pourquoi irez-vous cette année à Toulouse?

Qu'il est doux de servir le Seigneur! Il est vraiment admirable!

Ne bu vez, ne man gez ja mais sans pen ser que c'est de Dieu que vous te nez l'e xis ten ce, que c'est de lui que vous vien nent tous ces bien faits.

C'est Dieu qui a cré é le ciel, la terre, les eaux, les plan tes, les a ni maux et l'hom me lui-même. C'est Dieu qui est le maî tre de tout, c'est lui seul qu'il faut a do rer.

Pour plai re à Dieu, un en fant doit tou jours o bé ir à ses pa rens et s'ap pliquer à bien li re, a fin de mé ri ter l'ami tié de ses pè re et mè re et l'es ti me de tout le mon de.

J'ai mais beau coup mon pe tit chat, par ce qu'il est jo li; mais je ne veux plus l'ai mer, par ce qu'il é gra ti gne.

Les a rai gné es sont fort lai des, mais el les ne sont nul le ment mé chan tes.

Nous a vons ren con tré mon frè re et ma sœur; j'ai eu beau coup de plai sir à les voir.

Je suis toujours charmé de voir mes amis; mais ma plus grande satisfaction serait celle de trouver une occasion où je pourrais leur prouver que je suis digne de leur amitié.

Respecter la vieillesse, protéger la jeunesse, secourir les malheureux, sont des devoirs que nous nous devons réciproquement.

Bénissez ceux qui vous persécutent, a dit Jésus-Christ.

PHRASES A LIRE.

La rose est la reine des fleurs, autant par ses belles couleurs que par l'odorat; on la compare à la beauté; elle brille de même et passe aussi rapidement.

Le lis est le roi du parterre; balancé sur sa tige élancée, on ne lui compare que ce qui est majestueux : l'éclat de sa blancheur est le symbole de la pureté.

La tulipe est une fort belle fleur, mais elle cède au lis; elle n'a ni sa grâce, ni son parfum agréable; elle plaît seulement aux yeux par ses couleurs vives et variées.

L'œillet est une fleur charmante, et que l'on peut vanter après la rose; il est moins beau, mais son parfum est aussi agréable.

PRIÈRES CHRÉTIENNES.

L'Oraison Dominicale.

Notre Père qui êtes aux Cieux, que votre Nom soit sanctifié ; que votre règne nous arrive ; que votre volonté soit faite en la Terre comme au Ciel : donnez-nous aujourd'hui notre pain quotidien, et nous pardonnez nos offenses, comme nous pardonnons à ceux qui nous ont offensés ; et ne nous induisez point en tentation, mais délivrez-nous du mal.

Ainsi soit-il.

La Salutation Angélique.

Je vous salue, Marie, pleine de grâce ; le Seigneur est avec vous, vous êtes bénie entre toutes les femmes ; et Jésus, le fruit de votre ventre, est béni.

Sainte Marie, mère de Dieu, priez pour nous, pauvres pécheurs, maintenant et à l'heure de notre mort. Ainsi soit-il.

Le Symbole des Apôtres.

Je crois en Dieu, père Tout-puissant, Créateur du ciel et de la terre, et en Jésus-Christ, son fils unique, notre Seigneur, qui a été conçu du Saint-Esprit, est né de la vierge Marie, a souffert sous Ponce Pilate, a été crucifié, est mort, et a été enseveli; qui est descendu aux enfers, et le troisième jour est ressuscité des morts, monté aux cieux; est assis à la droite de Dieu, le père Tout-puissant, d'où il viendra juger les vivans et les morts.

Je crois au Saint-Esprit, à la sainte Église catholique, la communion des Saints, la rémission des péchés, la résurrection de la chair, la vie éternelle. Ainsi soit-il.

La Confession des Péchés.

Je me confesse à Dieu, le père Tout-puissant, à la bienheureuse Marie, toujours Vierge, à saint Michel, Archange, à saint Jean-Baptiste, aux Apôtres saint Pierre et saint Paul, et à tous les Saints, parce que j'ai péché en pensées, en paroles et en œuvres, par ma faute, par ma faute, par ma très-grande faute : c'est pourquoi je prie la bienheureuse Marie, toujours Vierge, saint Michel, Archange, saint Jean-Baptiste, saint Pierre et saint Paul, Apôtres, tous les Saints, de prier Dieu, notre Seigneur, pour nous. Ainsi soit-il.

La Rémission des Péchés.

Que le Dieu Tout-Puissant nous fasse miséricorde; qu'il nous pardonne nos péchés, et nous conduise à la vie éternelle. Ainsi soit-il.

Que le seigneur Tout-puissant et miséricordieux, nous donne indulgence, absolution et rémission de tous nos péchés. Ainsi soit-il.

Les dix Commandemens de Dieu.

1 Un seul Dieu tu adoreras,
  Et aimeras parfaitement.
2 Dieu en vain tu ne jureras,
  Ni autre chose pareillement.
3 Les Dimanches tu garderas,
  En servant Dieu dévotement.
4 Tes Père et Mère honoreras,
  Afin de vivre longuement.
5 Homicide ne commettras,
  De fait ni volontairement.
6 Luxurieux point ne seras,
  De corps ni de consentement.
7 Le bien d'autrui tu ne prendras,
  Ni retiendras injustement.
8 Faux témoignage ne diras,
  Ni mentiras aucunement.
9 L'œuvre de chair ne désireras
  Qu'en mariage seulement.
10 Biens d'autrui ne convoiteras,
  Pour les avoir injustement.

Les Commandemens de l'Église.

1 Les Dimanches la messe ouïras,
  Et les Fêtes pareillement.
2 Les Fêtes tu sanctifieras,
  Qui te sont de commandement.
3 Tous tes péchés confesseras,
  A tout le moins une fois l'an.
4 Ton Créateur tu recevras,
  Au moins à Pâques humblement.
5 Quatre-temps, vigiles jeûneras,
  Et le carême entièrement.
6 Vendredi chair ne mangeras,
  Ni le samedi mêmement.

Acte d'Adoration.

Mon Dieu qui êtes ici présent, prosterné devant votre divine Majesté, je vous adore comme mon Créateur, mon souverain Seigneur, et je me soumets entièrement à vous.

Acte de Foi.

Mon Dieu, je crois fermement toutes les vérités qui nous sont enseignées par votre sainte Église, parce que c'est vous qui les lui avez révélées.

Acte d'Espérance.

Mon Dieu, j'espère de votre bonté la vie éternelle, et les moyens d'y arriver, parce que vous nous l'avez promis, et que vous êtes infiniment bon et souverainement puissant.

Acte de Charité.

Mon Dieu, je vous aime de tout mon cœur, parce que vous êtes infiniment bon, infiniment aimable, et j'aime aussi mon prochain comme moi-même pour l'amour de vous.

Prière à la sainte Vierge.

Sainte Vierge, mère de Dieu, ma mère et ma patronne, je me mets sous votre protection, et je me jette avec confiance dans le sein de votre miséricorde. Soyez, ô Mère de bonté, mon refuge dans mes besoins, ma consolation dans mes peines, et mon avocate auprès de votre adorable fils, Jésus-Christ, aujourd'hui, tous les jours de ma vie, et particulièrement à l'heure de ma mort. Ainsi soit-il.

Prière à l'Ange Gardien.

Mon bon Ange, que Dieu a destiné pour me garder de l'ennemi, préservez-moi de tout péché et fâcheux accident; continuez-moi vos charitables soins; conduisez-moi dans les voies du salut, et à la gloire éternelle. Ainsi soit-il.

Prière au Saint ou Sainte dont on porte le nom.

Grand Saint (ou grande sainte) dont

Prière avant le Travail.

Prière après le Repas.

j'ai l'honneur de porter le nom, protégez-moi; priez, intercédez pour moi auprès de notre Seigneur Jésus-Christ, afin que je puisse servir Dieu comme vous sur la terre, et le glorifier éternellement avec vous dans le Ciel. Ainsi soit-il.

Prière avant le travail.

Mon Dieu, je vous offre mon travail et toutes mes actions; je souhaite que ce soit pour votre gloire, pour votre amour et pour mon salut. Donnez-moi, Seigneur, votre bénédiction. Ainsi soit-il.

Prière avant le repas.

Que la main de Jésus-Christ bénisse nos personnes et la nourriture que nous allons prendre à la plus grande gloire de Dieu. Au nom du Père, du Fils et du Saint-Esprit.

Ainsi soit-il.

Prière après le repas.

Nous vous rendons grâce pour tous vos

bienfaits, et particulièrement pour la nourriture que nous venons de prendre, ô Dieu tout-puissant! qui vivez et régnez dans tous les siècles des siècles.

Ainsi soit-il.

Prière quand on sonne l'Angelus.

L'Ange du Seigneur annonça à la sainte Vierge Marie qu'elle enfanterait le Sauveur, et elle conçut par l'opération du Saint-Esprit.

Je vous salue, Marie, etc.

Voici la servante du Seigneur; qu'il me soit fait selon votre parole.

Je vous salue, Marie, etc.

Et le Verbe éternel a été fait chair, et il a habité parmi nous.

Je vous salue, Marie, etc.

ORAISON.

Seigneur, répandez votre grâce dans nos cœurs, afin qu'ayant connu par la voie de l'Ange, le mystère de l'incarnation de votre Fils, nous puissions arriver heureusement, par le mérite de sa Passion et de sa Croix, à la gloire de la résurrection. Par le même Jésus-Christ, notre Seigneur.

Prière pour demander la bénédiction du Saint-Sacrement.

Divin Sauveur de nos âmes, qui avez bien voulu nous laisser votre précieux Corps et votre précieux Sang dans le Très-Saint-Sacrement de l'Autel, je vous y adore avec un profond respect; je vous remercie très-humblement de toutes les grâces que vous nous faites; et comme vous y êtes la source de toutes bénédictions, je vous conjure de les répandre aujourd'hui sur moi et sur ceux et celles pour lesquels j'ai intention de prier.

Mais afin que rien n'arrête le cours de ces bénédictions, pardonnez-moi mes péchés, ô mon Dieu! je les déteste sincèrement pour l'amour de vous; je vous le demande au nom du Père, du Fils et du Saint-Esprit. Ainsi soit-il.

Prière pour les morts.

Dieu de bonté et de miséricorde, ayez pitié des âmes qui sont dans le purgatoire; mettez fin à leurs peines, et donnez à celles pour lesquelles je suis obligé de prier, le repos et la lumière éternelle.

Ainsi soit-il.

LEÇONS
TIRÉES DE LA BIBLE.

Ire LEÇON.— *Création du Monde.*

Dieu a créé le monde en six jours. Le premier jour, il forma le ciel, la terre, et ensuite la lumière ; le second, il créa le firmament, qu'il appela ciel ; le troisième, il sépara l'eau de la terre, et fit produire à la terre toutes les plantes ; le quatrième, il créa le soleil, la lune et les étoiles ; le cinquième, il créa les oiseaux dans l'air et les poissons dans la mer ; le sixième, il forma les animaux terrestres, et créa l'homme à son image ; il se reposa le septième jour.

IIe LEÇON. — *Adam et Ève dans le Paradis terrestre, et de leur Péché.*

Dieu plaça *Adam*, et *Ève*, sa femme, dans le paradis terrestre, qui était un jardin délicieux ; il leur permit de manger toutes sortes de fruits, excepté de celui de l'arbre de la science du bien et du mal; mais ils désobéirent à Dieu en mangeant du fruit défendu, et Dieu, pour les punir, les chassa du paradis terrestre, les réduisit à un état misérable, et les assujettit à la mort.

Leurs enfans naquirent dans le péché. Caïn tua son frère Abel par envie; ses enfans furent tous méchans; mais les descendans de Seth, troisième fils d'Adam, conservèrent la crainte de Dieu.

IIIe LEÇON.—*Du Déluge.*

Les descendans de Seth s'allièrent avec les méchans et se corrompirent, de sorte que Dieu résolut de faire périr tous les hommes par un déluge universel. Il n'y eut parmi les hommes que Noé, descendu de Seth, qui trouva grâce devant Dieu. Le Seigneur lui commanda de construire une arche, c'est-à-dire un vaisseau carré et couvert, assez grand pour contenir sa famille et une double paire de chaque sorte d'animaux. Quand tout fut entré dans l'arche, Dieu fit tomber pendant quarante jours et quarante nuits une pluie épouvantable, accompagnée d'un débordement de mer qui submergea toute la terre, et noya tous les hommes et les animaux. Noé, sa femme, ses trois fils et leurs femmes, furent les seuls humains préservés de cette destruction.

IVe LEÇON. — *Le Sacrifice d'Abraham.*

Après le déluge le monde fut repeuplé par Noé et sa famille, et les hommes devinrent aussi méchans qu'auparavant. Abraham sut néanmoins se préserver de la corruption; Dieu lui promit de le rendre père d'un peuple innombrable, et fit une alliance avec lui. Dieu voulut ensuite éprouver la foi de son serviteur: il lui ordonna de sacrifier Isaac, son fils unique; Abraham n'hésita pas : il amena son fils sur une montagne, où il éleva un bûcher; il allait l'immoler, lorsque Dieu, satisfait de son obéissance, envoya sur-le-champ un ange pour arrêter son bras.

V.e LEÇON.—*Joseph vendu par ses frères.*

Isaac fut père de Jacob, qui eut douze fils, qui furent les douze patriarches et pères des douze tribus; Joseph, l'un de ses fils, excita l'envie de ses frères par ses vertus, qui le faisaient aimer de son père. Ces méchans frères, pour se venger, vendirent Joseph, qui fut mené en esclavage en Égypte; mais Dieu ne l'abandonna pas : il devint le favori et le ministre du roi; il fit venir sa famille pour la sauver d'une cruelle famine, et combla de bienfaits ses frères, qui l'avaient vendu comme un esclave.

VI.e LEÇON.— *Servitude d'Égypte, et passage de la mer Rouge.*

Les douze fils de Jacob, établis en Égypte, y moururent, et leurs enfans y multiplièrent considérablement. Le roi du pays craignant qu'ils ne devinssent trop puissans, les chargea de travaux forcés, et voulut même faire périr tous leurs enfans mâles ; mais Dieu n'abandonna pas son peuple : il envoya Moïse et Aaron pour les délivrer. Ils furent trouver le roi pour le supplier de laisser aller le peuple de Dieu; ce prince s'y refusa: alors Dieu affligea l'Égypte de plusieurs fléaux, ce qui contraignit le roi de laisser partir les Israélites. Mais à peine furent-ils partis, que Pharaon se repentit de leur avoir rendu la liberté, et il se mit à leur poursuite avec son armée. Les Hébreux se voyant près de retomber dans l'esclavage, et se trouvant alors sur le bord de la mer, murmurèrent; mais Moïse, que Dieu assistait, étendit sa main sur la mer, et les eaux se séparèrent en s'élevant des deux côtés comme un grand mur; les Israélites passèrent à pied sec. Les Égyptiens ne s'épouvantèrent pas de ce miracle; ils continuèrent leur poursuite; mais aussitôt entrés dans la mer, les eaux se joignirent pour les punir de leur témérité, et pour les engloutir avec leur roi.

VIIe LEÇON. — *Les Tables de la Loi.*

Dieu ayant délivré les Hébreux, Moïse les conduisit dans un grand désert, où ils furent nourris pendant quarante ans. Ils arrivèrent au mont Sinaï, où Dieu leur donna sa loi, le cinquantième jour après la Pâque. Les Hébreux furent ingrats; ils osèrent murmurer contre Moïse, et même contre Dieu; ils portèrent l'impiété jusqu'à adorer des idoles d'or et d'argent, et pour punition ils n'entrèrent dans la terre promise que quarante ans après la mort de Moïse.

VIIIe LEÇON.—*De David et du Messie.*

Les Israélites entrèrent dans le pays de Chanaan sous la conduite de Josué; ils furent long-temps gouvernés par des juges, mais ensuite ils demandèrent des rois. Le premier fut Saül, le second David, et le troisième Salomon, qui, pendant son règne, fit bâtir le temple.

David n'était qu'un simple berger, et cependant il fut appelé de Dieu pour gouverner le peuple d'Israël, et il lui fut promis que de sa postérité naîtrait *le Messie* ou le Sauveur du monde.

IXe LEÇ.—*Annonciation de la Vierge.*

Le temps marqué pour délivrer le genre

humain étant arrivé, Dieu envoya l'Ange Gabriel vers Marie, à Nazareth, où elle faisait sa demeure ; elle était seule et en prières; l'Ange parut devant elle rayonnant de la lumière céleste : il la salua, en lui disant qu'elle était pleine de grâce. Ces louanges la troublèrent; mais le messager des cieux la rassura en lui annonçant qu'elle enfanterait, par l'opération du Saint-Esprit, un fils qu'elle nommerait Jésus, qui signifie *Sauveur*. La Vierge Marie ayant entendu ces paroles, s'humilia, et répondit avec une parfaite résignation : *Je suis la servante du Seigneur; qu'il soit fait selon votre parole*. Ainsi s'accomplit le mystère de notre rédemption.

Xe LEÇON.—*Naissance de Jésus-Christ*.

Lorsque la Vierge Marie était très-avancée dans sa grossesse, un édit de l'empereur Auguste, qui ordonnait le dénombrement des familles, la força d'aller avec son époux, St. Joseph, à Bethléem, où le Messie devait naître.

Joseph et Marie étaient pauvres; toutes

les auberges de Bethléem étaient pleines, et personne ne voulait les recevoir; ils furent obligés de se réfugier dans une étable, où Jésus naquit sur la paille, à l'heure de minuit, près d'un bœuf et d'un âne. Dans la nuit même que la Vierge l'enfanta, les bergers des environs furent avertis par un Ange, et ils s'empressèrent de venir adorer le Roi des rois. Les Mages de l'Orient vinrent aussi l'adorer, et lui portèrent des présens. Ils avaient été avertis de sa naissance par une étoile.

Ce divin enfant fut circoncis au bout de huit jours à Jérusalem, et reçut le nom de JÉSUS.

XIe LEÇON. — *Baptême et prédication de Jésus-Christ.*

Jésus croissait en grâce et en sagesse : à l'âge de douze ans il discutait avec les docteurs de la loi dans le temple; il leur faisait des questions avec tant de modestie, et répondait aux leurs avec tant de justesse, qu'ils en étaient remplis d'admiration.

Jésus mena une vie obscure avec Joseph et Marie, l'espace de trente années. Ce ne fut qu'après avoir reçu le baptême de Jean-Baptiste, fils de Zacharie, qu'il commença à enseigner la vérité aux hommes. Il appela à lui quatre pêcheurs, André, Simon, Jacques, et Jean, et beaucoup d'autres personnes, pour en faire ses disciples; il en choisit douze parmi eux, qu'il nomma Apôtres. Il alla avec eux par les villes et villages, prêchant partout l'évangile; et pour montrer qu'il parlait de la part de Dieu, il faisait une infinité de miracles, et guérissait toutes sortes de maladies.

XIIe LEÇON. — *La Passion de Jésus-Christ.*

Tandis qu'une foule de monde suivait Jésus-Christ, les Scribes et les Pharisiens, dont il reprenait les vices, devinrent ses ennemis, et cherchèrent à le perdre. Les Scribes étaient les docteurs des Juifs, et les Pharisiens étaient ceux qui prétendaient observer la loi mieux que les autres. Ils le dénoncèrent comme un séditieux qui tâchait de renverser toutes les lois. Il fut pris au jardin des Oliviers par une troupe de gens armés, et mené devant Caïphe, le Souverain Pontife. Celui-ci le condamna à mort d'après de faux témoignages. On le conduisit ensuite chez Ponce-Pilate, qui gouvernait la Judée pour les Romains. Pilate trouvant Jésus innocent, chercha plusieurs moyens pour le délivrer. Là Jésus fut outragé, fouetté, puis couronné d'épines par les soldats, en dérision de ce qu'il se disait roi des Juifs.

Pilate condamna enfin Jésus, quoiqu'à regret, et le fit conduire, chargé de sa croix, en un lieu nommé Golgotha, ou Calvaire. Jésus fut crucifié entre deux voleurs, et satisfit pleinement à la justice de Dieu, pour les péchés de tous les hommes.

Après sa mort quelques-uns de ses disciples embaumèrent son corps et le mirent dans un sépulcre. Il en sortit vivant et glorieux le troisième jour.

Quarante jours après sa résurrection Jésus monta au ciel, en présence des Apôtres et de tous ses disciples, après leur avoir promis le Saint-Esprit, qu'il leur renvoya dix jours après. Maintenant il vit et règne dans le ciel, à la droite de son père.

LEÇONS
DE MORALE ET DE CIVILITÉ.

Pour plaire à Dieu un enfant doit être bien obéissant envers ses parens, écouter avec attention les leçons qu'on lui donne, et bien apprendre à lire, afin d'être aimé de Dieu et des hommes.

— Le respect dû aux parens est le premier des devoirs d'un enfant; mais il doit aussi respecter les vieillards, et être toujours prêt à obliger ceux qui auront recours à lui.

— Les enfans doivent être dociles envers leurs parens et leurs maîtres; ils doivent leur répondre d'un ton doux et honnête, et sans affectation.

— L'enfant docile est aimé; et c'est un si grand bonheur que de se faire aimer, qu'on doit tout faire pour y parvenir.

—Un enfant doit s'habituer à se lever de bonne heure; cette habitude est nécessaire à sa santé, et lui promet de grands avantages pour l'avenir.

—Il faut s'habiller avec décence et éviter les regards d'autrui; mettre la plus grande propreté dans ses vêtemens, et avoir soin de se rincer la bouche, de se laver la figure et les mains avant de sortir : cela doit se faire par égard pour les personnes avec qui on doit se trouver, et pour la santé du corps.

— Dans le courant de la journée un enfant doit s'occuper de ses devoirs et de bien étudier; aux heures de récréation il peut se livrer à ses amusemens, faire des jeux avec les autres enfans de son âge ou avec ses frères et sœurs; mais il ne doit point se quereller avec eux, prendre ni casser leurs joujoux, parce qu'il ne serait pas content si on lui prenait ou si on lui cassait ceux qui lui appartiennent.

— On doit se coucher de bonne heure pour se lever plus matin; et avant de se retirer dans sa chambre, un enfant bien né doit embrasser ses parens ou ses supérieurs, en leur souhaitant une heureuse nuit accompagnée d'un bon sommeil. Il ne doit point se mettre au lit sans avoir adoré Dieu, et lui avoir donné son cœur en reconnaissance des bienfaits qu'il a reçus de lui pendant la journée. Il doit mettre autant de décence pour ôter ses habits que pour les prendre.

HISTORIETTES.

L'ENFANT INDOCILE.

Gabriel était un enfant très-indocile. Un jour qu'il passait près d'une ruche, son papa lui représenta que les abeilles étaient dangereuses quand on les troublait dans leur travail. Bon, dit Gabriel, si c'était un gros chien j'en aurais peur, mais des abeilles, d'un coup de mouchoir j'en abattrais cent ; et le petit incrédule frappa sur la ruche. Dans l'instant les abeilles le poursuivirent, et le piquèrent au visage, au cou, aux mains, partout où leur aiguillon put se faire jour.

L'AIMABLE ENFANT.

Voyez ce joli petit garçon qui cueille des fleurs au bord du chemin; si vous avez des dragées dans votre poche, vous pouvez lui en donner, car il mérite qu'on l'aime et qu'on le caresse. Il a très-bien lu sa leçon; il a récité fort joliment une fable : quand il entre dans une pièce il ôte toujours son chapeau. Tous les matins il embrasse son papa et sa maman; il s'empresse de faire tout ce qui peut leur plaire, et parle très-poliment à tout le monde. Je vous le répète, si vous avez des dragées donnez-en à cet aimable enfant.

L'ÉCUELLE DU CHAT.

C'est un bien vilain défaut que la gourmandise. Adèle avait ce défaut-là; dès qu'elle trouvait l'occasion de prendre du fruit, un biscuit, ou toute autre chose à manger, elle s'en emparait aussitôt, et allait se cacher dans un petit coin, pour l'avaler goulument. Sa mère la grondait en vain tous les jours; enfin une fois elle la prit par la main au moment où l'on allait se mettre à table, et elle la conduisit à l'écuelle du chat, en lui disant : C'est dans l'écuelle du chat que doivent manger les petites filles gourmandes.

LE BOUQUET.

Dites-moi, mon petit ami, aimez-vous bien les gâteaux?—Oh! oui, Monsieur, j'aime bien les gâteaux.—Eh bien! donnez-moi ce beau bouquet que vous tenez là, et vous aurez un gâteau.—Je ne peux pas, Monsieur.—Non? Je vous en offre deux. Vous ne voulez pas encore? Je vous en donne trois, quatre, six. Comment! cela ne suffit pas! Eh! quel prix mettez-vous donc à ce bouquet?—Monsieur, je l'ai fait pour maman, et je ne le donnerais pas pour tous les gâteaux du monde. —Très-bien, mon enfant, embrassons-nous; vous êtes un brave garçon. Venez chez le pâtissier, je veux que vous emportiez une douzaine de petits gâteaux, et que vous gardiez votre bouquet pour votre maman.

LE PETIT CHAT ABANDONNÉ.

Un petit chat était si méchant, que quand sa mère venait lui donner à téter, il la mordait jusqu'au sang. La mère n'osait presque plus s'en approcher; à la fin, elle cessa de venir. Qu'en arriva-t-il ? le petit chat méchant mourut de faim. C'est ce qui arriverait aux enfans, si leurs parens les abandonnaient.

LA PETITE ORGUEILLEUSE.

Léonore était une petite fille pleine de vanité. Pourvu qu'elle fût bien mise, elle se croyait dispensée de travailler et de lire. Dans la rue elle ne regardait qu'avec dédain les petites filles qui n'avaient pas de belles robes. Sa maman, après l'avoir long-temps avertie, lui fit faire un fourreau de toile grise, qu'elle porta devant ses camarades, qui la connaissaient si fière et si orgueilleuse.

LE PETIT VAURIEN.

Paul était un petit garçon fort méchant, qui se plaisait à tourmenter tous les animaux qui se trouvaient sur son passage. Tantôt c'était une mouche qu'il privait de ses ailes; une autre fois, il coupait la queue d'un lézard; s'il rencontrait un chien, il le poursuivait à coups de pierres. Un jour, une hirondelle tomba par la cheminée; Paul l'eut a peine atteinte, qu'il lui pluma le ventre, les cuisses et la tête; il se disposait à la lâcher dans ce triste état, lorsque son père lui tira les cheveux, pour lui apprendre que les oiseaux souffrent quand on leur arrache les plumes.

LES CHOSES DÉFENDUES.

Maman, disait la petite Henriette, je ne quitte plus ma bonne; je suis bien obéissante.—Oui, ma fille; mais quand tu montes sur les chaises, que tu descends trop vite;

quand tu prends un couteau et que tu cours en le tenant dans tes mains, tu t'exposes à te faire du mal. — Cela est vrai, maman, mais je ne le ferai plus.

OH! LE MÉCHANT.

Fuyez ce petit malheureux que vous voyez là tout seul auprès du mur; hier il a craché au nez de sa bonne; ce matin il a égratigné sa sœur, qui jouait avec lui, et tout à l'heure il a osé lever la main sur sa mère. C'est un petit monstre que l'on doit repousser.

LE PETIT PARESSEUX.

On avait beau recommander à Julien d'étudier sa leçon, le petit fainéant n'en voulait rien faire. Pour le punir son papa le laisse un jour à la maison, et emmène sa sœur voir les singes savans. Julien se mit à pleurer, et regretta d'avoir été si paresseux.

FABLES.

LA LIONNE ET LE RENARD.

Un Renard reprochait un jour à une Lionne qu'elle ne faisait jamais qu'un petit à la fois. Cela est vrai, répondit l'autre, mais c'est un Lion.

On ne doit pas estimer les choses par leur nombre, mais par leur mérite.

LE COQ ET LA PERLE.

Un Coq grattant sur un fumier, y trouva par hasard une pierre précieuse; il la rejette en disant : Un lapidaire rendrait grâce aux Dieux d'une telle fortune; mais pour moi, je m'estimerais beaucoup plus heureux d'avoir trouvé un grain d'orge.

On doit toujours préférer l'utile à l'agréable.

LE LOUP ET LA TRUIE.

Le Loup rendit visite à la Truie dans le temps qu'elle allait mettre bas. Commère, lui dit-il en s'approchant d'un air obligeant, si je puis vous être utile, je vous prie de disposer de moi : et pour vos petits, si vous voulez m'en confier le soin, je vous promets qu'ils seront près de moi fort en sûreté. Compère, lui dit la Truie, j'en suis bien persuadée ; mais si tu voulais bien t'éloigner d'ici, il me semble que mes petits et moi nous aurions encore moins à craindre.

Il n'y a pas de piéges plus dangereux que ceux que l'on tend sous le masque de l'amitié.

LA FOURMI ET LA CIGALE.

Une Cigale demandait quelques grains à une fourmi. Pourquoi n'avez-vous pas amassé cet été ? lui dit-elle. J'ai chanté, repartit la Cigale. — Vous avez chanté? eh bien! dansez maintenant.

L'homme sage prévoit l'avenir. — L'homme bienfaisant doit oublier l'erreur de son frère indigent, même par sa faute.

LA POULE AUX OEUFS D'OR.

Un Paysan avait une Poule qui lui pondait tous les jours un œuf d'or. Croyant en trouver une mine dans son corps, il lui fendit le ventre, et n'y trouva rien de ce qu'il cherchait. Alors il sentit, mais trop tard, que l'avidité d'un plus grand profit lui avait fait perdre celui qu'il avait déjà.

En voulant trop avoir on perd ce que l'on tient.

LE SERPENT ET LA LIME.

Un serpent se mit à ronger une lime; plus il la voyait sanglante, plus il s'acharnait à y mordre, s'imaginant que la lime saignait. Enfin, s'étant aperçu qu'il ne pouvait l'entamer il l'abandonna.

A quoi bon faire tant de bruit quand on ne saurait faire du mal.

LE PÈRE ET SES ENFANS.

Un bon Vieillard dont les enfans étaient toujours à se quereller, se fit apporter un faisceau de baguettes, et commanda à chacun de le rompre. Ils l'essayèrent inutilement. Eh bien! leur dit-il, rompez les baguettes séparément. Ils le firent avec facilité. Mes enfans, dit le bon Vieillard, demeurez unis, vous n'avez rien à craindre; si vous vous divisez, vous êtes perdus.

L'union fait le bonheur des familles.

LE RENARD ET LE CORBEAU.

Un Corbeau tenait en son bec un fromage. Un renard qui voulait en avoir sa part, commence à flatter le Corbeau, et lui dit que si sa voix répond à ses autres qualités, il doit être le phénix des oiseaux. Le Corbeau, charmé du discours, ouvre son large bec, et lâche le fromage. Le Renard s'en saisit, et lui dit :

Apprenez que tout flatteur vit aux dépens de celui qui l'écoute.

Le PÊCHEUR et le petit POISSON.

Un Pêcheur ayant pris un fort petit Poisson, le pauvre animal priait avec instance qu'on le rejetât dans l'eau. Je ne suis pas encore assez gros, disait-il au Pêcheur. Cela est bon et beau, répondit celui-ci ; mais vous saurez, s'il vous plaît, que j'aime mieux avoir un petit Poisson entre les mains ju'un gros en espérance.

Il faut prendre ce que l'on peut avoir pendant qu'on en a l'occasion.

FIN.

IMPRIMERIE D'ALEX. DAUMONT,
à Versailles, avenue de Saint-Cloud, n° 3.

www.ingramcontent.com/pod-product-compliance
Lightning Source LLC
LaVergne TN
LVHW020326100426
835512LV00042B/1742